Jane Eyre

· · · · · · · · · · · · · · · · · ·

CHARLOTTE BRONTË

ANALISI DEL LIBRO

Scritto da Flore Beaugendre
Tradotto da Sara Rossi

Jane Eyre

CHARLOTTE BRONTË

CHARLOTTE BRONTË

ROMANZIERA BRITANNICA

- **Nata a Thornton (Inghilterra) nel 1816**
- **Morta a Haworth nel 1855**
- **Opere degne di nota:**
  - *Jane Eyre* (1847), romanzo
  - *Shirley* (1849), romanzo
  - *Il professore* (1857, postumo), romanzo

Nata nel 1816, Charlotte Brontë è considerata una delle più grandi scrittrici inglesi del XIX secolo. Nacque in una modesta famiglia dello Yorkshire. Dopo la morte della madre nel 1821, fu allevata dal padre, un pastore istruito, insieme al fratello e alle quattro sorelle. Nel 1846, lei e le sue sorelle iniziarono a pubblicare poesie sotto pseudonimi maschili. Anne ed Emily pubblicarono rispettivamente *Agnes Grey* e *Cime tempestose*, ma il primo romanzo di Charlotte, *Il professore*, fu rifiutato. Nel 1847 fu pubblicato *Jane Eyre*, che ottenne un grande successo, e fu presto seguito da *Shirley* (1849) e *Villette* (1853). Ultima sopravvissuta della famiglia Brontë, morì nel 1855 poco dopo il suo matrimonio.

JANE EYRE

UN'AUTOBIOGRAFIA FITTIZIA: LA VITA DI UNA DONNA

- **Genere:** romanzo
- **Edizione di riferimento:** Brontë, C. (1864) *Jane Eyre*. New York: Carleton Publisher.
- **1ª edizione:** 1847
- **Temi:** amore, iniziazione, determinazione, amicizia, mistero, donne, rivolta

Jane Eyre fu pubblicato nel 1847 con lo pseudonimo maschile di Currer Bell. Il romanzo sconvolse il pubblico con la sua eroina determinata e anticonvenzionale, ma ebbe un notevole successo. Sotto forma di autobiografia fittizia, presenta la storia di Jane Eyre, una giovane orfana povera e poco attraente che cerca di trovare il suo posto in una società che dà poca importanza alle donne. Diventa istitutrice e sfida le convenzioni innamorandosi del suo padrone, il signor Rochester. *Jane Eyre* è un'opera emblematica della letteratura inglese, come dimostra il numero di adattamenti televisivi e cinematografici che sono nati dal romanzo.

SINTESI

CAPITOLI 1-4

Jane Eyre ha 10 anni e vive a Gateshead Hall con la signora Reed, sua zia per matrimonio, dalla morte dei genitori e dello zio. Orfana e povera, è sgradita e maltrattata dalla sua tutrice e dai suoi cugini, tra cui il crudele John Reed. Dopo l'ennesimo litigio con lui, Jane viene rinchiusa nella stanza rossa dove sperimenta le allucinazioni. Traumatizzata, la bambina è infelice e isolata. Solo l'infermiera Bessie prova simpatia per lei. La signora Reed decide presto di liberarsi della nipote ribelle mandandola in un collegio gestito dal signor Brocklehurst, un pastore tirannico.

CAPITOLI 5-10

Jane arriva nell'austera scuola di Lowood, dove si ambienta presto, nonostante le molte difficoltà. La sovrintendente, la dolce Miss Temple, cerca di migliorare la vita degli studenti. Jane fa amicizia con Helen Burns, una ragazza intelligente e pia. In primavera, la scuola è colpita da un'epidemia di tifo che provoca la morte di metà dei bambini. Helen muore tra le braccia di Jane. Dopo il disastro, il signor Brocklehurst viene accusato di negligenza e la vita dei residenti migliora. Jane racconta rapidamente gli otto anni successivi della sua vita, durante i quali studia e diventa insegnante a Lowood. A 18 anni, stanca della sua esistenza monotona, cerca un posto di governante e viene assunta dalla signora Fairfax a

Thornfield Hall. Prima della sua partenza, riceve la visita di Bessie, che la informa che il fratello di suo padre ha cercato di trovarla.

CAPITOLI 11-16

Jane Eyre viene accolta calorosamente dalla signora Fairfax, la governante, e incontra la sua allieva, Adèle, una bambina francese di 8 anni. Jane sente una risata demoniaca provenire dal terzo piano, ma la signora Fairfax le assicura che si tratta di Grace Poole, una cameriera un po' pazza. Una sera, mentre passeggia, incontra un cavaliere ferito e gli offre aiuto. Scopre che il cavaliere è il signor Rochester, il proprietario della tenuta. A poco a poco si conoscono e l'uomo le racconta la sua storia.

Una notte, Jane sente di nuovo le risate e capisce che qualcuno ha appiccato il fuoco nella stanza del suo padrone: gli salva la vita. È convinta che Grace Poole sia la responsabile del misfatto, ma il signor Rochester attribuisce l'evento a un incidente. Quando il signor Rochester si assenta per qualche tempo, Jane si rende conto di provare dei forti sentimenti per lui.

CAPITOLI 17-21

Il signor Rochester torna a Thornfield Hall con un gruppo di amici aristocratici e costringe Jane a unirsi a loro. A disagio, osserva la vicinanza tra il suo padrone e Miss Blanche Ingram, una giovane donna di grande bellezza, ma altezzosa e ossessionata dalla ricchezza. Durante il loro soggiorno, un certo signor Mason si unisce a loro. Nella notte, viene brutalmente aggredito e Jane sospetta di Grace Poole. Più tardi, il maestro racconta alla giovane istitutrice la storia di un uomo che si pente di un errore commesso in gioventù e deve superare un ostacolo sociale se vuole vivere con la donna che ama. Naturalmente sta parlando di se stesso. Jane viene chiamata a Gateshead Hall dalla zia morente. La zia confida a Jane di aver fatto credere al fratello di suo padre, John Eyre, che Jane fosse morta quando aveva annunciato di volerla adottare e di volerle lasciare in eredità la sua fortuna. Muore senza riconciliarsi con la nipote.

CAPITOLI 22-25

Un mese dopo, Jane torna a Thornfield Hall dove esprime la sua gioia per il ricongiungimento con il suo padrone, nonostante la prospettiva del suo matrimonio con la signorina Ingram. Una sera, trova il signor Rochester in giardino: le dice che sta per sposare la sua fidanzata e che lei deve andarsene. Quando Jane si mostra addolorata, lui ammette che voleva farla ingelosire e le chiede di sposarlo. Nonostante la sorpresa, Jane accetta. Il matrimonio è programmato per quattro settimane dopo. Imbarazzata dal modo in cui il signor Rochester la idealizza e dalla sua generosità, decide di scrivere allo zio per sentirsi alla pari con la sua fortuna. In seguito, fa dei sogni spaventosi e animati che sembrano essere delle premonizioni.

CAPITOLI 26-28

Quando Jane e Rochester stanno per sposarsi in chiesa, una voce si leva per rivelare l'esistenza della prima moglie di Rochester, rinchiusa a Thornfield Hall. Il matrimonio viene annullato e Rochester smaschera la moglie, Bertha, una pericolosa pazza tenuta al terzo piano della villa. Racconta il suo passato a Jane ma, nonostante il loro amore, lei decide di fuggire, rifiutandosi di vivere come sua amante. Per tre giorni, vaga come una mendicante affamata e malata, rifiutata da tutti. Finalmente arriva a casa di un pastore, St. John Rivers, e delle sue due sorelle, che le offrono un rifugio.

CAPITOLI 29-32

Jane si riprende vivendo accanto alle amichevoli Diana e Mary e al lontano St. John. Tuttavia, si rifiuta di raccontare loro la sua storia. St. John le promette di trovarle un lavoro. Dopo un mese, le due sorelle devono tornare al loro posto di governanti. Le Rivers apprendono con indifferenza che lo zio John è morto e le ha diseredate. A Jane viene assegnato un posto di insegnante nel villaggio. Si accorge subito che St. John è innamorato di una giovane donna, Rosamund Oliver, ma sceglie di ignorare il suo amore perché vuole diventare missionario e partire per l'India. Una sera, nota qualcosa su un disegno di Jane e lascia misteriosamente la stanza.

CAPITOLI 33-35

Una sera, mentre nevica, St. John racconta a Jane la storia di una giovane orfana che tutti stanno cercando perché deve ereditare 20.000 sterline, lasciate dallo zio John Eyre. Jane, stupita, ammette di essere Jane Eyre. Viene poi a sapere che St. John e le sue sorelle sono suoi cugini di primo grado, diseredati dallo zio di Madeira a causa di una vecchia disputa. Felice di avere una famiglia, divide con loro la sua eredità.

Qualche mese dopo, Miss Oliver si sposa e St. John desidera ancora partire per l'India, così chiede a Jane di accompagnarlo e di diventare sua moglie, in modo da assisterlo nella sua missione divina. Lei rifiuta la sua richiesta, sconcertata dalla sua freddezza. Lui allora mostra un enorme disprezzo per lei. Sotto pressione, sta per acconsentire a questo sacrificio, quando crede di sentire la voce di Rochester che la chiama, rompendo la presa di St. John.

CAPITOLI 36-38

Jane parte immediatamente per Thornfield. Trova il maniero devastato e apprende che è stato distrutto da un incendio. Bertha, la causa della tragedia, si è suicidata gettandosi dal tetto. Il signor Rochester, nel tentativo di salvare gli abitanti del suo maniero, è diventato cieco e ha perso un braccio quella notte. Ora vive come un recluso a Ferndean, la sua proprietà nascosta nella foresta. Jane lo trova lì; il loro amore è immutato. Nonostante le sue esitazioni dovute alla disabilità, le chiede di sposarlo di nuovo. Lei accetta. Si sposano senza testimoni e vivono una felicità beata. Jane Eyre conclude il suo racconto dicendo che è sposata da dieci anni. Rochester ha riacquistato la vista e hanno avuto dei figli. Le sue cugine si sono sposate e St. John, ancora in Oriente, ha dedicato anima e corpo alla sua missione, sacrificando la sua vita per essa.

STUDIO DEL CARATTERE

JANE EYRE

Jane Eyre è la narratrice e l'eroina del romanzo, che presenta come la sua autobiografia. È il frutto del matrimonio tra la ricca signorina Reed e il signor Eyre, un pastore di basso rango, che morirono entrambi quando lei era ancora in fasce. Orfana e povera, trascorre l'infanzia con la zia Reed, che la odia, e poi nel collegio di Lowood: ha quindi un inizio di vita molto difficile.

Nel corso dell'opera, l'autore sottolinea la sua mancanza di bellezza: viene descritta come piccola, fragile e senza grazia, sia dalla stessa narratrice che dagli altri personaggi. Ma la banalità del suo aspetto non riflette la sua personalità: "Jane Eyre […] è fatta di strani contrasti. È timida, ma non manca di audacia; è sottomessa, ma custodisce ferocemente la sua indipendenza; è ingenua, ma piena di buon senso" (Prefazione). In collegio, dopo un'infanzia ribelle, riesce ad acquisire qualità come la lealtà e la generosità. Tuttavia, sotto la sua natura riservata, è anche un'anima esaltata, capace di trasgressione e di grandi passioni. Il suo carattere si evolve nel corso del romanzo: la sua integrità e i suoi principi vengono costantemente messi in discussione, portandola a modificare il suo codice di condotta. Mentre cerca la felicità di una casa, Jane è alla perenne ricerca della libertà – intellettuale, finanziaria e sociale – e, attraverso ciò, si oppone alla rigidità della società vittoriana.

SIGNOR ROCHESTER

Edward Rochester, il figlio minore del signor Rochester, è il ricco erede della tenuta di Thornfield. Ha un'età compresa tra i 35 e i 40 anni e viene spesso descritto come brutto: "Ho tracciato i punti generali della media altezza e della considerevole ampiezza del torace. Aveva un viso scuro, con tratti severi e una fronte pesante" (Capitolo 12).

Come Jane Eyre, è pieno di contraddizioni: è allo stesso tempo duro e gentile, altezzoso e perseguitato dai suoi errori. Appassionato e capriccioso, attribuisce poca importanza alle convenzioni sociali. Il suo passato è simile a quello dell'eroina: i suoi genitori erano indifferenti e lui non ha mai avuto una vera casa. Il signor Rochester ha avuto un percorso di vita caotico. Ha viaggiato molto e si è comportato da libertino. Il suo destino è deciso dalle donne della sua vita.

Ha avuto una relazione distruttiva con la ballerina francese Céline Varens, una donna volubile che è la madre della sua presunta figlia, Adèle. Il matrimonio con Bertha Mason lo condanna all'infelicità e gli impedisce di sposare il suo alter ego, la donna che può salvarlo, Jane Eyre.

ST. JOHN RIVERS

St. John Rivers è il cugino di Jane. È il giovane pastore di una piccola città di campagna. Il narratore lo descrive come: "alto, snello; il suo viso incantava l'occhio; era come un viso greco, molto puro nei contorni […] Raramente, infatti, un viso inglese si avvicina così tanto ai modelli antichi come il suo. […] I suoi occhi erano grandi e blu" (Capitolo 29). Questo giovane trentenne è animato da un'ardente ambizione ed è completamente devoto a Dio. Si dedica a un destino missionario in India e sacrifica tutto, compresi i suoi sentimenti e quelli degli altri, per realizzare il suo progetto. È freddo e altezzoso, sprezzante nei confronti di chi rivendica la propria umanità.

St. John è l'antitesi di Rochester: è puro e devoto a Dio, mentre Rochester conosce solo la passione; il pastore ha occhi azzurri e gelidi, mentre il padrone di Thornfield ha uno sguardo di fuoco; la bellezza del primo è in contrasto con la bruttezza dell'altro.

Per Jane sposare St. John significherebbe abbandonare la passione a vantaggio dei principi spirituali, mentre un matrimonio con Rochester significherebbe abbandonare la moralità a vantaggio della passione. Resta il fatto che il giovane cugino di Jane è insipido e ridicolo rispetto al misterioso Rochester.

BERTHA MASON

Bertha Mason è figlia di genitori inglesi e giamaicani. Molto bella in gioventù, seduce il giovane Rochester a cui è destinata per via della sua dote. Lui la sposò senza conoscerla veramente e presto si rese conto che soffriva di follia.

Il lettore può vederla come un simbolo della prigionia del matrimonio in un'epoca in cui le donne erano dominate dagli uomini e non potevano esistere da sole. È infatti interessante confrontare l'episodio in cui Jane viene rinchiusa nella stanza rossa con la situazione di Bertha a Thornfield. La donna sembra anche servire da monito a Jane, che affronta con riluttanza la possibilità di un'unione con il passionale e potente Rochester. Bertha Mason è l'antitesi di Jane: rappresenta l'oscurità e la furia, mentre Jane incarna la luce e la dolcezza; esprime rabbia e paura, mentre la giovane insegnante reprime i suoi sentimenti e le sue paure. Tuttavia, non si può fare a meno di notare un parallelo tra le due donne: entrambe si arrendono a Rochester ed entrambe falliscono nello sposarlo.

ANALISI

L'INFLUENZA DEL ROMANZO GOTICO

Il romanzo gotico è un genere letterario nato in Inghilterra alla fine del XVIII secolo. Si ritiene generalmente che abbia avuto origine dalla penna di Horace Walpole (scrittore britannico, 1717-1797), autore de *Il castello di Otranto* (1764), nonché dalla moda del passato e dell'architettura gotica, entrambe conseguenze del movimento romantico.

Il romanzo gotico è costellato di cliché: la trama si svolge in luoghi oscuri e tenebrosi (ad esempio castelli, chiese, ecc.) e le situazioni che i personaggi si trovano ad affrontare sono dominate dal mistero e dal diabolico, da segreti del passato o addirittura da una natura sfrenata. La storia si svolge quindi in un'atmosfera soprannaturale.

Jane Eyre include gli elementi di questo genere. Lowood, Moor House e Thornfield Hall sono tutti luoghi isolati dove si scatenano tempeste furiose. Thornfield, come Gateshead Hall, è un'antica dimora con un labirinto di corridoi bui e inquietanti dove Rochester nasconde i suoi segreti. Ci sono anche numerosi racconti di sogni del narratore, spesso spaventosi e premonitori. Tutti questi elementi percorrono il romanzo, creando un'atmosfera simile al filone gotico. Charlotte Brontë introduce anche scene che possono essere ricondotte direttamente a questo genere, come quella della stanza rossa, in cui la piccola Jane crede di vedere il fantasma dello zio defunto, un'esperienza che la segnerà per sempre, o la scena in cui riceve la visita notturna di Bertha Mason, che lei paragona a un vampiro: "Devo dirvi cosa mi ha ricordato? […] Il turpe spettro tedesco, il vampiro" (Capitolo 25). Tuttavia, si può notare che l'autore offre sempre l'opportunità di trovare una spiegazione a questi eventi misteriosi: la luce che appare sulla parete della stanza rossa è un riflesso della lanterna, il vampiro è in realtà la prima moglie di Rochester, ecc. Solo alla fine dell'opera si rimane con una domanda senza risposta: il mistero della chiamata di Rochester sentita da Jane a Moor House è confermato e non c'è una giustificazione razionale. Al lettore non resta che interpretare questo fatto sorprendente.

Quindi, *Jane Eyre* è chiaramente un discendente del filone gotico, che era ancora prevalente all'epoca della stesura di Charlotte Brontë. Tuttavia, l'autrice non cerca di scrivere un romanzo di questo tipo: utilizza principalmente le caratteristiche gotiche intrinseche per mantenere la suspense e accentuare il romanticismo insito nella trama.

UN'OPERA FEMMINISTA

Jane Eyre crea un'immagine della condizione femminile non priva di connotazioni femministe. Nella società vittoriana della metà del XIX secolo, le donne non erano in grado di raggiungere la libertà e l'indipendenza. Tuttavia, la ricerca di entrambe sembra aver tormentato l'eroina fin dalla sua infanzia. La donna dimostra una certa indipendenza mentale costruendo le proprie opinioni. Vuole anche liberarsi dall'oppressione sociale possedendo una propria fortuna, che le permetta di essere alla pari di Rochester e di considerarlo come suo marito anziché come suo padrone. Si ribella alle idee convenzionali che etichettano le donne come inferiori agli uomini. Nel Capitolo 12, c'è un paragrafo particolarmente audace e moderno per l'epoca, in cui si chiede la parità di genere:

> "Si suppone che le donne siano generalmente molto tranquille: ma le donne sentono proprio come gli uomini; hanno bisogno di esercizio per le loro facoltà, e di un campo per i loro sforzi, tanto quanto i loro fratelli; soffrono di una limitazione troppo rigida, di una stagnazione troppo assoluta, proprio come soffrirebbero gli uomini; ed è di mentalità ristretta nei loro compagni più privilegiati dire che dovrebbero limitarsi a fare budini e a lavorare a maglia, a suonare il pianoforte e a ricamare borse. È sconsiderato condannarle o deriderle se cercano di fare o di imparare più di quanto la consuetudine abbia dichiarato necessario per il loro sesso" (Capitolo 12).

Jane Eyre deve costantemente lottare per sfuggire all'oppressione maschile, sia da parte dello sprezzante signor Brocklehurst che cerca di svilirla, sia da parte di St. John Rivers che vuole intrappolarla in un matrimonio senza amore che va contro la sua stessa natura, sia da parte del signor Rochester, ognuno di questi uomini è misogino. Anche nei confronti di Rochester compie due atti che sembrano particolarmente femministi: il primo quando rifiuta di accettare i gioielli e i bei vestiti, perché crede che lui voglia farne un oggetto cerimoniale, e il secondo quando lo lascia, rifiutandosi di essere solo la sua amante e di non poter mai raggiungere uno status paritario. Il suo coraggio e la sua capacità di abbandonare le comodità e la sicurezza dimostrano quanto sia alta la sua dignità e la sua integrità, e non ci si può stupire del fatto che questo disprezzo delle norme sociali abbia scioccato i contemporanei di Charlotte Brontë. Dobbiamo tuttavia notare che la tanto desiderata indipendenza dell'eroina viene da un uomo, suo zio. Il romanzo si conclude con un paradosso: la giovane Jane rivendica la libertà mentale e deve fuggire dai personaggi maschili che le sbarrano la strada, ma è comunque attraverso uno di questi personaggi che riesce a realizzare i suoi desideri e a tornare dall'uomo che ama.

Le rivendicazioni di Jane Eyre sono quindi simboliche e sembrano naturali per l'eroina. Sono, in un certo senso, un assaggio del femminismo, il cui sviluppo è contemporaneo alla stesura del romanzo. Charlotte Maurat riassume lo slancio dell'autrice: "Per la prima volta, Charlotte Brontë, in anticipo sui tempi, sostiene in *Jane Eyre* l'emancipazione sociale della donna. La consapevolezza e la percezione dei suoi diritti erano semplicemente la prova di uno spirito lucido, di un'anima orgogliosa" (Prefazione).

LA RELIGIONE

Nel corso del romanzo, la narratrice è combattuta tra la ricerca della felicità e i suoi doveri morali e religiosi, che le sono stati inculcati dall'educazione. Il tema della religione è cruciale in *Jane Eyre.* È incarnato da tre personaggi incontrati dall'eroina, tre modelli ai quali non può conformarsi. Il reverendo Brocklehurst è il primo rappresentante di Dio incontrato dal lettore. Egli mostra austerità e principi rigidi: infligge privazioni ai suoi abitanti per insegnare loro l'umiltà, ispirandosi al protestantesimo evangelico. I suoi precetti sono privi di carità, compassione e sincerità. Pur professando la severità negli altri, incoraggia la vanità e il lusso nella sua stessa casa. Evidentemente, usa la religione per stabilire l'autorità sul suo gregge. Il contrasto tra i metodi tirannici di Brocklehurst e il comportamento di Helen Burns è sorprendente. La fede dell'amica di Jane è sconfinata e priva di ipocrisia. È tollerante e sottomessa fino all'estremo, prendendo ogni ingiustizia come un segno della volontà divina. Incarna il seguente principio biblico: "Se qualcuno ti percuote sulla guancia, porgi anche l'altra". La giovane Helen prevede la felicità solo in Paradiso. St. John, invece, offre una visione fredda e ambiziosa della religione, completamente dedita ai suoi ideali a scapito di ogni senso e valore umano. Egli sostiene il sacrificio assoluto ed è incapace di provare compassione. Robert de Traz esprime l'aspetto negativo del suo personaggio: "Dipingere un santo e mostrare l'altra faccia della sua santità è l'obiettivo quasi impossibile di Charlotte, eppure splendidamente realizzato" (DE TRAZ R., *La famille Brontë*, Paris, Albin Michel, 1939, p. 135).

Jane non può accontentarsi di queste tre concezioni estremiste e caricaturali della fede, perché non si adattano alla sua personalità, ma rimane molto religiosa. Riesce a costruire una propria concezione della religione, in cui vede un modo per frenare le passioni smodate e arrivare alla piena conoscenza di sé. Mettendo a confronto le diverse pratiche dei personaggi, Charlotte Brontë offre una satira veemente dell'ipocrisia e della vanità di alcuni rappresentanti di Dio, incarnati dal signor Brocklehurst.

ULTERIORI RIFLESSIONI

ALCUNE DOMANDE SU CUI RIFLETTERE...

- In che modo possiamo considerare *Jane Eyre* come un romanzo di formazione?

- Quali sono le influenze del romanticismo sul romanzo?

- Charlotte Brontë conferisce alcuni elementi autobiografici ai suoi personaggi principali. Quali sono? Possiamo quindi considerare quest'opera come un racconto autobiografico?

- Pensate che Jane Eyre sia una narratrice affidabile? Oppure Charlotte Brontë invita il lettore a leggere tra le righe? Spiegate la vostra risposta.

- Il signor Rochester e Jane Eyre sono entrambi descritti come privi di bellezza. Secondo lei, cosa rivela questa insistenza sul loro fisico sgraziato?

- Il tema della madre sostitutiva è ricorrente nell'opera. Come si manifesta?

- I personaggi femminili sono numerosi in *Jane Eyre*. Spiegate come ognuno di loro offre una diversa rappresentazione della donna.

- Evidenziate i casi di contrasto tra fuoco e ghiaccio. Secondo lei, che cosa simboleggia?

- L'oppressione delle classi sociali e la trasgressione delle convenzioni sono temi importanti nel romanzo. Analizzate come Charlotte Brontë affronta questo delicato argomento.

- Analizzate l'episodio della stanza rossa. Come può essere interpretato e qual è il suo ruolo nell'opera?

- Charlotte Brontë è in qualche modo maschilista nel suo romanzo. Ampliate questa teoria analizzando i personaggi di Céline Varens e Adèle.

ULTERIORI LETTURE

EDIZIONE DI RIFERIMENTO

Brontë, C. (1864) *Jane Eyre*. New York: Carleton Publisher.

STUDI DI RIFERIMENTO

De Traz, R. (1939) *La famiglia Brontë*. Parigi: Albin Michel.

ADATTAMENTI

Jane Eyre. (1944) [Film]. Robert Stevenson. USA: Twentieth Century Fox Film Corporation.

Jane Eyre. (1996) [Film]. Franco Zeffirelli. Dir. Francia: Cineritino S.r.L.

Jane Eyre. (2011) [Film]. Cary Joji Fukunaga. Regno Unito/USA: Focus Features.

Vogliamo sapere da voi!
Lasciate un commento sulla vostra biblioteca online
e condividete i vostri libri preferiti sui social media!

Perché scegliere Must Read?

Scoprite tutto quello che c'è da sapere su un libro, con i nostri riassunti e le nostre analisi concise e approfondite!

Scoprite il meglio della letteratura sotto una luce completamente nuova!

www.50minutes.com

Master ISBN: 9782808690768
ISBN cartaceo: 9782808612166
Deposito legale: D/2023/12603/1496

Copertura: © Primento

Concezione digitale a cura di Primento, il partner digitale degli editori.